Le meilleur livre de cuisine sur la friteuse à air

Délicieuses recettes de friture à l'air libre pour les personnes diabétiques. Réduisez votre taux de cholestérol, soignez votre corps et reprenez confiance en vous pour commencer à vivre correctement.

Tanya Hackett

Table des matières

Copyright 2020 par Tanya Hackett

En outre, la transmission, la duplication ou la reproduction de l'un des travaux suivants, y compris des informations spécifiques, sera considérée comme un acte illégal, qu'elle soit effectuée par voie électronique ou sur papier. Cela s'étend à la création d'une copie secondaire ou tertiaire de l'œuvre ou d'une copie enregistrée et n'est autorisé qu'avec le consentement écrit explicite de l'éditeur. Tous les droits supplémentaires sont réservés.

Les informations contenues dans les pages suivantes sont généralement considérées comme un compte rendu véridique et précis des faits et, en tant que telles, toute inattention, utilisation ou abus des informations en question par le lecteur rendra toute action en résultant uniquement de son ressort. Il n'existe aucun scénario dans lequel l'éditeur ou l'auteur original de ce travail peut être considéré comme responsable de quelque manière que ce soit des difficultés ou des dommages qui pourraient leur arriver après avoir entrepris les actions décrites dans le présent document.

En outre, les informations contenues dans les pages suivantes sont uniquement destinées à des fins d'information et doivent donc être considérées comme universelles. Comme il convient à leur nature, elles sont présentées sans garantie quant à leur validité prolongée ou leur qualité provisoire. Les marques mentionnées le sont sans consentement écrit et ne peuvent en aucun cas être considérées comme un aval du titulaire de la marque.

Introduction

Une friteuse à air est un appareil de cuisine relativement récent qui s'est avéré très populaire auprès des consommateurs. Bien qu'il existe de nombreuses variétés différentes, la plupart des friteuses à air partagent de nombreuses caractéristiques communes. Elles sont toutes dotées d'éléments chauffants qui font circuler de l'air chaud pour cuire les aliments. La plupart sont dotées de réglages préprogrammés qui aident les utilisateurs à préparer une grande variété d'aliments.

La friture à l'air est un mode de cuisson plus sain car il utilise moins d'huile que les méthodes traditionnelles de friture. Tout en préservant la saveur et la qualité des aliments, elle réduit la quantité de graisse utilisée dans la cuisson. La friture à l'air est une méthode courante pour "frire" des aliments qui sont principalement faits avec des œufs et de la farine. Grâce à cette méthode, ces aliments peuvent être mous ou croquants selon votre préférence.

Comment fonctionnent les friteuses à air

Les friteuses à air utilisent un ventilateur pour faire circuler l'air chaud autour des aliments. L'air chaud chauffe l'humidité des aliments jusqu'à ce qu'elle s'évapore et crée de la vapeur. Lorsque la vapeur s'accumule autour des aliments, elle crée une pression qui tire l'humidité de la surface des aliments et l'éloigne du centre, formant ainsi de petites bulles. Les bulles créent une couche d'air qui entoure les aliments et crée une croûte croustillante.

Choisir une friteuse à air

Lorsque vous choisissez une friteuse à air, recherchez un appareil qui a reçu de bonnes critiques pour la satisfaction du client. Commencez par les caractéristiques dont vous avez besoin, telles que la puissance, la capacité, la taille et les accessoires. Recherchez une friteuse facile à utiliser. Certaines friteuses à air du marché ont une minuterie intégrée et une température réglable. Recherchez une friteuse dotée d'un entonnoir pour récupérer la graisse, d'un panier lavable au lave-vaisselle et de pièces faciles à nettoyer.

Comment utiliser une friteuse à air

Pour de meilleurs résultats, préchauffez la friteuse à l'air à 400 F pendant 10 minutes. Le préchauffage de la friteuse à air permet d'atteindre la bonne température plus rapidement. De plus, le préchauffage de la friteuse est essentiel pour garantir que vos aliments ne brûlent pas.

Comment faire cuire des aliments dans une friteuse

Si vous n'avez pas encore de friteuse à air, vous pouvez commencer à jouer avec vos fours en y jetant des frites surgelées et en les faisant cuire jusqu'à ce qu'elles soient bien dorées. En fonction de votre four, regardez la température. Vous devrez peut-être augmenter ou diminuer le temps de cuisson.

Quels aliments peut-on faire cuire dans une friteuse à air ?

Oeufs : Bien que vous puissiez faire cuire des oeufs dans une friteuse à air, nous ne le recommandons pas car vous ne pouvez pas contrôler le temps et la température de cuisson aussi précisément qu'avec une poêle ou un poêlon traditionnel. Il est beaucoup plus facile d'obtenir des œufs cuits de façon inégale. Vous ne pouvez pas non plus ajouter de sauce ou d'assaisonnement et vous n'obtiendrez pas de bords dorés et croustillants.

Les aliments surgelés : En général, les aliments surgelés sont mieux cuits au four conventionnel car ils doivent atteindre une certaine température pour être bien cuits. La friteuse à air n'est pas capable d'atteindre des températures qui permettent une cuisson complète des aliments.

Aliments déshydratés : Les aliments déshydratés doivent être frits, ce que vous ne pouvez pas faire avec une friteuse à air. Lorsqu'il s'agit de cuire des aliments déshydratés, la friteuse à air n'est pas la meilleure option.

Légumes : Vous pouvez faire cuire des légumes dans une friteuse à air, mais vous devez vous assurer que la friteuse à air n'est pas réglée à une température qui les brûlerait.

Pour éviter que vos légumes ne soient trop cuits, démarrez la friteuse à l'air libre sans le panier, puis ajoutez les légumes une fois que l'air s'est réchauffé et qu'il n'y a plus de points froids.

Veillez à remuer les légumes toutes les quelques minutes. Vous pouvez aussi les faire cuire dans le panier, mais ils peuvent se coller un peu.

Des frites : Faire frire des frites dans une friteuse à air est un bon moyen d'obtenir des frites croustillantes et dorées sans ajouter beaucoup d'huile. Par rapport à la friture classique, la friture à l'air libre produit moins de calories.

Pour cuire des frites dans une friteuse à air, utilisez un panier ou une grille et versez suffisamment d'huile pour atteindre la moitié de la hauteur des frites. Pour un résultat optimal, assurez-vous que les frites sont congelées. Tournez la friteuse à 400 degrés et réglez-la pendant 12 minutes. Si vous voulez qu'elles soient plus croustillantes, vous pouvez la régler sur 18 minutes, mais elles risquent de brûler un peu.

Avantages d'une friteuse à air :

- C'est l'une des façons les plus simples de cuisiner des aliments sains. Utilisé 4 à 5 fois par semaine, c'est une option plus saine que la friture à l'huile dans votre four traditionnel ou l'utilisation d'aliments en conserve.

- Les repas à la friteuse sont un moyen facile de servir des aliments savoureux qui ne prennent pas beaucoup de place. Les friteuses permettent de cuire trois fois plus de nourriture que vous ne le pouvez dans votre micro-ondes.

- Les friteuses à air comprimé ont un faible encombrement et vous pouvez les ranger dans une armoire lorsqu'elles ne sont pas utilisées.

-Ils sont des appareils de cuisine polyvalents. Vous pouvez les utiliser pour cuisiner des aliments pour le déjeuner, le dîner et les collations.

- Les friteuses à air comprimé ne nécessitent que peu ou pas d'efforts dans la cuisine. Vous pouvez les utiliser avec le couvercle, ce qui signifie qu'il y a moins de vaisselle à faire.

Saumon à la moutarde et au miel

Temps de préparation : 10 minutes

Temps de cuisson : 9 minutes

Portions : 2

Ingrédients :

- 2 filets de saumon
- 2 cuillères à soupe de moutarde de Dijon
- 2 c. à soupe de miel
- 1/4 de tasse de mayonnaise

- Sel et poivre

Itinéraire :

1. Dans un petit plat, mélangez la moutarde, le miel, la mayonnaise, le poivre et le sel et badigeonnez le saumon.

2. Placez le plateau de déshydratation dans un panier de friteuse à air à plusieurs niveaux et placez le panier dans la friteuse à air.

3. Placez les filets de saumon sur un plateau déshydrateur.

4. Fermez le pot avec le couvercle de la friteuse et sélectionnez le mode de friture à l'air puis réglez la température à 350 f et la minuterie pendant 9 minutes.

5. Servez et appréciez.

Nutrition :

Calories 424

Lipides 21,4 g

Glucides 25,2 g

Sucre 19,3 g

Protéines 35,5 g

Cholestérol 86 mg

Tilapia classique

Temps de préparation : 10 minutes

Temps de cuisson : 8 minutes

Portions : 2

Ingrédients :

- 2 filets de tilapia
- 1 tasse de chapelure
- 2 cuillères à soupe d'huile d'olive

Itinéraire :

1. Badigeonner les filets de poisson avec de l'huile puis les enrober de chapelure.

2. Placez le plateau de déshydratation dans un panier de friteuse à air à plusieurs niveaux et placez le panier dans la friteuse à air.

3. Placez les filets de poisson enrobés sur un plateau de déshydratation.

4. Fermez le pot avec le couvercle de la friteuse à air et sélectionnez le mode de friture à air, puis réglez la température à 370 f et la minuterie pendant 8 minutes.

5. Servez et appréciez.

Nutrition :

Calories 426

Lipides 17,9 g

Glucides 38,9 g

Sucre 3,4 g

Protéines 28,2 g

Cholestérol 55 mg

Filets de poisson en croûte de noix de coco

Temps de préparation : 10 minutes

Temps de cuisson : 8 minutes

Portions : 2

Ingrédients :

- 2 filets de tilapia
- 1 œuf, légèrement battu
- 1/4 de tasse de farine de noix de coco
- 1/2 tasse de noix de coco écaillée
- Sel

Itinéraire :

1. Dans un petit plat, mélangez la farine de noix de coco, la noix de coco en flocons et le sel.

2. Tremper les filets de poisson dans l'œuf puis les enrober du mélange de farine de noix de coco.
3. Placez le plateau de déshydratation dans un panier de friteuse à air à plusieurs niveaux et placez le panier dans la friteuse à air.
4. Placez les filets de poisson enrobés sur un plateau de déshydratation.
5. Fermez le pot avec le couvercle de la friteuse et sélectionnez le mode de friture à l'air, puis réglez la température à 400 f et la minuterie pendant 8 minutes. Retournez les filets de poisson à mi-parcours.
6. Servez et appréciez.

Nutrition :

Calories 255

Lipides 11,4 g

Glucides 13,2 g

Sucre 1,4 g

Protéine 26,5 g

Cholestérol 137 mg

Galettes de thon

Temps de préparation : 10 minutes

Temps de cuisson : 6 minutes

Des portions : 4

Ingrédients :

- 1 œuf, légèrement battu
- 1/4 de tasse de chapelure
- 1 cuillère à soupe de moutarde
- Thon en boîte d'Oz, égoutté
- Sel et poivre

Itinéraire :

1. Mettez tous les ingrédients dans le bol à mélanger et mélangez jusqu'à ce qu'ils soient bien mélangés.
2. Faites quatre galettes à partir du mélange et placez-les dans une assiette.
3. Placez le plateau de déshydratation dans un panier de friteuse à air à plusieurs niveaux et placez le panier dans la friteuse à air.
4. Placer les galettes de thon sur un plateau déshydrateur.

5. Fermez le pot avec le couvercle de la friteuse et sélectionnez le mode de friture à l'air, puis réglez la température à 400 f et la minuterie pendant 6 minutes. Retournez les galettes à mi-chemin.
6. Servez et appréciez.

Nutrition :

Calories 113

Lipides 2,7 g

Glucides 5,9 g

Sucre 0,7 g

Protéine 15,6 g

Cholestérol 56 mg

Poisson aux légumes

Temps de préparation : 10 minutes

Temps de cuisson : 25 minutes

Des portions : 4

Ingrédients :

- 1/2 lb de filet de morue, coupé en quatre morceaux
- 1 tasse de tomates cerises
- 2 cuillères à soupe d'huile d'olive
- 1 tasse de pommes de terre grelots, coupées en dés

- Sel et poivre

Itinéraire :

1. Panier de friteuse à air à plusieurs niveaux avec du papier d'aluminium.
2. Mélangez les pommes de terre avec la moitié de l'huile d'olive et ajoutez-les dans le panier de la friteuse et placez le panier dans la friteuse.
3. Fermez la marmite avec le couvercle de la friteuse à air et sélectionnez le mode de cuisson, puis réglez la température à 380 f et la minuterie pendant 15 minutes.
4. Ajoutez du cabillaud et des tomates cerises dans le panier.
5. Arroser avec le surplus d'huile et assaisonner avec du poivre et du sel.
6. Fermez la marmite avec le couvercle de la friteuse à air et sélectionnez le mode de cuisson, puis réglez la température à 380 f et la minuterie pendant 10 minutes.
7. Servez et appréciez.

Nutrition :

Calories 146

Lipides 7,7 g

Glucides 8,8 g

Sucre 1,2 g

Protéines 12 g

Cholestérol 28 mg

Saumon balsamique

Temps de préparation : 10 minutes

Temps de cuisson : 3 minutes

Portions : 2

Ingrédients :

- 2 filets de saumon
- 1 tasse d'eau
- 2 c. à soupe de vinaigre balsamique
- 1 1/2 cuillère à soupe de miel
- Sel et poivre

Itinéraire :

1. Assaisonnez le saumon avec du poivre et du sel.
2. Mélangez du vinaigre et du miel.
3. Badigeonner les filets de poisson avec le mélange vinaigre et miel.
4. Transférez l'eau dans la friteuse puis placez le dessous de plat dans le panier.
5. Placez les filets de poisson sur le dessus du dessous de plat.
6. Fermez la friteuse et faites cuire à haute pression manuelle pendant 3 minutes.

7. Dès que la cuisson est terminée, relâchez la pression à l'aide de la méthode d'ouverture rapide puis ouvrez le couvercle.

8. Garnir de persil et servir.

Nutrition :

Calories 278

Lipides 7,8 g

Glucides 3,3 g

Sucre 0,5 g

Protéines 46,8 g

Cholestérol 341 mg

Filets de poisson de Dijon

Temps de préparation : 10 minutes

Temps de cuisson : 3 minutes

Portions : 2

Ingrédients :

- 2 filets de flétan
- 1 cuillère à soupe de moutarde de Dijon
- 1 1/2 tasse d'eau
- Poivre
- Sel

Itinéraire :

1. Transférer l'eau dans la friteuse à air puis placer le panier de la friteuse
2. Assaisonnez les filets de poisson avec du poivre et du sel et badigeonnez-les de moutarde de Dijon.
3. Placez les filets de poisson dans le panier du cuiseur à vapeur.
4. Fermez la friteuse et faites cuire à haute pression manuelle pendant 3 minutes.

5. Une fois la cuisson terminée, relâchez la pression à l'aide de la méthode de dégagement rapide puis ouvrez le couvercle.

6. Servez et appréciez.

Nutrition :

Calories 323

Lipides 7 g

Glucides 0,5 g

Sucre 0,1 g

Protéines 60,9 g

Cholestérol 93 mg

Dîner au saumon parfait

Temps de préparation : 10 minutes

Temps de cuisson : 2 minutes

Des portions : 3

Ingrédients :

- 1 livre de filet de saumon, coupé en trois
  morceaux

- 2 gousses d'ail, hachées
- 1/2 c. à café de cumin moulu
- 1 cuillère à café de piment rouge en poudre
- Sel et poivre

Itinéraire :

1. Déchargez 1 1/2 tasse d'eau dans la friteuse à air puis placez le dessous de plat dans la marmite.
2. Dans un petit bol, mélangez l'ail, le cumin, la poudre de chili, le poivre et le sel.
3. Frottez le saumon avec le mélange d'épices et placez-le sur le dessous de plat.
4. Fermez la casserole avec le couvercle et faites cuire en mode vapeur pendant 2 minutes.
5. Une fois la cuisson terminée, relâchez la pression à l'aide de la méthode de dégagement rapide puis ouvrez le couvercle.
6. Servez et appréciez.

Nutrition :

Calories 211

Lipides 7 g

Glucides 0,5 g

Sucre 0,1 g

Protéines 60,9 g

Cholestérol 93 mg

Palourdes à vapeur

Temps de préparation : 10 minutes

Temps de cuisson : 3 minutes

Des portions : 3

Ingrédients :

- 1 lb. Palourdes en coquille
- 2 c. à soupe de beurre, fondu
- 1/4 de tasse de vin blanc
- 1/2 cuillère à café de poudre d'ail
- 1/4 de tasse de jus de citron frais

Itinéraire :

1. Ajoutez du vin blanc, du jus de citron, de la poudre d'ail et du beurre dans la friteuse à air.
2. Placez le trépied dans la marmite.
3. Disposez les palourdes sur le dessus du trépied.
4. Fermez la casserole et faites cuire à haute pression manuelle pendant 3 minutes.
5. Une fois que c'est fait, laissez la pression se relâcher naturellement puis ouvrez le couvercle.
6. Servez et appréciez.

Nutrition :

Calories 336

Lipides 7 g

Glucides 0,5 g

Sucre 0,1 g

Protéines 60,9 g

Zucchini au curry

Temps de préparation : 5 minutes

Temps de cuisson : 8-10 minutes

Ingrédients :

1. 2Cucinis, lavées et coupées en tranches

2. 1 cuillère à soupe d'huile d'olive

3. Sel de mer Pinch

4. Mélange de curry, pré-fabriqué

Itinéraire :

- Allumez votre friteuse à air au 390.

- Mélangez vos tranches de courgettes, le sel, l'huile et les épices.
- Mettez les courgettes dans la friteuse à l'air libre et faites-les cuire pendant huit à dix minutes.
- Vous pouvez servir seul ou avec de la crème aigre.

Nutrition :

Calories : 100

Gras : 1

Carburants : 4Protéines

: 2

Frites de carottes saines

Temps de préparation : 5 minutes

Temps de cuisson : 12-15 minutes

Ingrédients :

- 5Grosse carotte
- 1 cuillère à soupe d'huile d'olive
- ½ Cuillère à café de sel de mer

Itinéraire :

1. Faites chauffer votre friteuse à air à 390, puis lavez et épluchez vos carottes. Coupez-les de manière à former des frites.

2. Mélangez vos bâtonnets de carottes avec votre huile d'olive et du sel, en les enrobant uniformément.

3. Placez-les dans la friteuse à l'air libre et faites-les cuire pendant douze minutes. Si elles ne sont pas aussi croustillantes que vous le souhaitez, faites-les cuire pendant deux ou trois minutes supplémentaires.

4. Servez avec de la crème aigre, du ketchup ou simplement avec votre plat principal préféré.

Nutrition :

Calories : 140

Gras : 3

Carburants : 6Protéines

: 7

Pommes de terre simples farcies

Temps de préparation : 15 minutes

Temps de cuisson : 35 minutes

Ingrédients :

- 4Grandes pommes de terre, pelées
- 2Bacon, Rashers
- ½ Oignon brun, en dés
- ¼ Tasse de fromage râpé

Itinéraire :

1. Commencez par chauffer votre friteuse à air à 350.
2. Coupez vos pommes de terre en deux, puis badigeonnez-les d'huile.
3. Mettez-le dans votre friteuse à air et faites-le cuire pendant dix minutes. Badigeonnez à nouveau les pommes de terre avec de l'huile et faites-les cuire pendant dix minutes supplémentaires.
4. Faites un tout dans la pomme de terre cuite pour les préparer à la farce.

5. Faites sauter le lard et l'oignon dans une poêle. Vous devez le faire à feu moyen, en ajoutant du fromage et en remuant. Retirer du feu.

6. Farcissez vos pommes de terre et faites-les cuire pendant quatre à cinq minutes.

Nutrition :

Calories : 180

Gras : 8

Carburants : 10Protéines

: 11

Carottes grillées simples

Temps de préparation : 5 minutes

Temps de cuisson : 35 minutes

Ingrédients :

- 4Cup Carottes, hachées
- 1 cuillère à café d'Herbes de Provence
- 2 cuillères à café d'huile d'olive
- 4 cuillères à soupe de jus d'orange

Itinéraire :

1. Commencez par préchauffer votre friteuse à l'air libre à 320 degrés.
2. Mélangez vos morceaux de carottes avec vos herbes et de l'huile.
3. Faites cuire pendant vingt-cinq à vingt-huit minutes.
4. Sortez-le et trempez les morceaux dans du jus d'orange avant de les faire frire pendant sept minutes supplémentaires.

Nutrition :

Calories : 125

Gras : 2

Carburants : 5Protéines

: 6

Brocoli et fromage

Temps de préparation : 5 minutes

Temps de cuisson : 9 minutes

Ingrédients :

- 1 tête de brocoli, lavée et hachée
- Sel et poivre au goût
- 1 cuillère à soupe d'huile d'olive
- Fromage cheddar fort, râpé

Itinéraire :

1. Commencez par régler votre friteuse à 360 degrés.
2. Mélangez vos brocolis avec votre huile d'olive et votre sel de mer.
3. Placez-le dans la friteuse à air et faites-le cuire pendant six minutes.
4. Sortez-les, puis recouvrez-les de fromage et laissez-les cuire pendant trois minutes supplémentaires.
5. Servir avec les protéines de votre choix.

Nutrition :

Calories : 170

Gras : 5

Carbones : 9Protéines

: 7

Plantains frits

Temps de préparation : 5 minutes

Temps de cuisson : 10 minutes

Portions : 2

Ingrédients :

- 2 plantains mûrs, pelés et coupés en diagonale en morceaux de ½ pouces d'épaisseur
- 3 cuillères à soupe de ghee, fondu
- ¼ cuillère à café de sel casher

Itinéraire

1. Préparation des ingrédients. Dans un bol, mélangez les plantains avec le ghee et le sel.

2. Air Frying. Disposez les morceaux de plantain dans le panier de la friteuse à air. Réglez la friteuse à l'air à 400°F pendant 8 minutes. Les plantains sont cuits lorsqu'ils sont tendres à l'intérieur et présentent de nombreuses taches brunes, sucrées et croustillantes à l'extérieur.

Nutrition :

Calories : 180

Gras : 5

Carburants : 10Protéines

: 7

Asperges enrobées de bacon

Temps de préparation : 5 minutes

Temps de cuisson : 10 minutes

Des portions : 4

Ingrédients :

- 1 livre d'asperges, parées (environ 24 turions)
- 4 tranches de bacon ou de lard de boeuf
- ½ tasse de Ranch Dressin pour le service
- 3 cuillères à soupe de ciboulette fraîche hachée, pour la garniture

Itinéraire

1. Préparation des ingrédients. Graisser le panier de la friteuse à air avec de l'huile d'avocat. Préchauffez la friteuse à 400°F.

2. Tranchez le lard en son milieu, en faisant de longues et fines lamelles. Enroulez 1 tranche de lard autour de 3 asperges et fixez chaque extrémité avec un cure-dent. Répétez l'opération avec le reste du lard et des asperges.

3. Air Frying. Placez les fagots d'asperges dans la friteuse à l'air en une seule couche. (Si vous utilisez une friteuse plus petite, faites-les cuire par lots si nécessaire.) Faites cuire pendant 8 minutes pour les tiges fines, 10 minutes pour les tiges moyennes à épaisses, ou jusqu'à ce que les asperges soient légèrement carbonisées aux extrémités et que le lard soit croustillant.
4. Servir avec la vinaigrette ranch et garnir de ciboulette. A servir de préférence frais.

Nutrition :

Calories 241 ;

Gras 22g ;

Protéine 7g ;

Total des glucides 6g ;

Fibre 3g

Maïs rôti en épi, frit à l'air

Temps de préparation : 5 minutes

Temps de cuisson : 10 minutes

Des portions : 4

Ingrédients :

- 1 cuillère à soupe d'huile végétale
- 4 ans de maïs
- Beurre non salé, pour la garniture
- Sel, pour la garniture
- Poivre noir fraîchement moulu, pour la garniture

Itinéraire :

1. Préparation des ingrédients. Frottez l'huile végétale sur le maïs, en l'enrobant bien.

2. Air Frying. Réglez la température de votre AF à 400°F. Réglez la minuterie et faites griller pendant 5 minutes.

3. A l'aide de pinces, retournez ou faites pivoter le maïs.

4. Réinitialisez la minuterie et faites griller pendant 5 minutes de plus.

5. Servir avec une noix de beurre et une généreuse pincée de sel et de poivre.

Nutrition :

Calories : 265 ;

Gras : 17g ;

Glucides : 29g ;

Fibre : 4g ;

Sucre : 5g ;

Protéines : 5g ;

Haricots verts et bacon

Temps de préparation : 15 minutes

Temps de cuisson : 20 minutes

Des portions : 4

Ingrédients :

- 3 tasses de haricots verts coupés congelés
- 1 oignon moyen, haché
- 3 tranches de bacon, hachées
- ¼ tasse d'eau
- Sel casher et poivre noir

Itinéraire :

1. Préparation des ingrédients
2. Dans une casserole ronde de 6 × 3 pouces résistant à la chaleur, mélangez les haricots verts surgelés, l'oignon, le bacon et l'eau. Mélangez le tout. Placez la casserole dans le panier.
3. Friture à l'air
4. Réglez la friteuse à une température de 375°F pendant 15 minutes.

5. Augmentez la température de la friteuse à 400°F pendant 5 minutes. Assaisonnez les haricots avec du sel et du poivre selon votre goût et mélangez bien.
6. Retirez la poêle du panier de la friteuse à air et couvrez avec du papier d'aluminium. Laissez reposer pendant 5 minutes puis servez.

Nutrition :

Calories : 230

Gras : 10

Carburants : 14Protéines

: 17

Carottes grillées au miel et à l'air libre

Temps de préparation : 5 minutes

Temps de cuisson : 15 minutes

Des portions : 4

Ingrédients :

- 3cups carottes miniatures
- 1 cuillère à soupe d'huile d'olive extra vierge
- 1 cuillère à soupe de miel

- Sel
- Poivre noir fraîchement moulu
- Aneth frais (facultatif)

Itinéraire :

1. Préparation des ingrédients. Dans un bol, mélanger le miel, l'huile d'olive, les carottes, le sel et le poivre. Veillez à ce que les carottes soient bien enrobées d'huile. Placez les carottes dans le panier de la friteuse à air.

2. Air Frying. Réglez la température de votre AF à 390°F. Réglez la minuterie et faites rôtir pendant 12 minutes, ou jusqu'à ce que la fourchette soit tendre.

3. Retirez le tiroir de la friteuse à air et libérez le panier de la friteuse à air. Versez les carottes dans un bol, saupoudrez d'aneth, si vous le souhaitez, et servez.

Nutrition :

Calories : 140

Gras : 3

Carburants : 7Protéines

: 9

Chou rôti frit à l'air

Temps de préparation : 5 minutes

Temps de cuisson : 10 minutes

Des portions : 4

Ingrédients :

- 1 chou de tête, coupé en rubans de 1 pouce d'épaisseur
- 1 cuillère à soupe d'huile d'olive
- sel et poivre noir fraîchement moulu
- 1 cuillère à café de poudre d'ail
- 1 cuillère à café de flocons de piment rouge

Itinéraire

1. Préparation des ingrédients. Dans un bol, mélangez l'huile d'olive, le chou, le sel, le poivre, la poudre d'ail et les flocons de piment rouge. Veillez à ce que le chou soit bien enrobé d'huile. Placez le chou dans le panier de la friteuse à air.

2. Air Frying. Réglez la température de votre friteuse à l'air à 350°F. Réglez la minuterie et faites rôtir pendant 4 minutes.

3. A l'aide de pinces, retournez le chou. Remettez la minuterie à zéro et faites rôtir pendant 3 minutes de plus.

Nutrition :

Calories : 100

Gras : 1

Carburants : 3Protéines

: 3

Tomates farcies au burrata

Temps de préparation : 5 minutes

Temps de cuisson : 5 minutes

Des portions : 4

Ingrédients :

- 4Tomates moyennes
- ½ cuillère à café de sel fin de mer

- 4 (2 onces) boules de burrata
- Feuilles de basilic frais, pour la garniture
- Huile d'olive vierge extra, pour arroser

Itinéraire

1. Préparation des ingrédients. Préchauffez la friteuse à l'air libre à 300°F.
2. Enlevez les graines et les membranes des tomates à l'aide d'une cuillère ou d'une boule à melon. Saupoudrez l'intérieur des tomates avec du sel. Farcissez chaque tomate avec une boule de Burrata.
3. Air Frying. Mettez-le dans la friteuse et faites-le cuire pendant 5 minutes, ou jusqu'à ce que le fromage ait ramolli.
4. Garnir d'huile d'olive et de feuilles de basilic. Servir chaud.

Nutrition :

Calories 108 ;

Gras 7g ;

Protéines 6g ;

Total des glucides 5g ;

Fibre 2g

Brocoli au parmesan

Temps de préparation : 5 minutes

Temps de cuisson : 5 minutes

Des portions : 4

Ingrédients :

- 1 livre de fleurons de brocolis
- 2 cuillères à café d'ail haché
- 2 cuillères à soupe d'huile d'olive
- ¼ tasse de parmesan râpé ou en copeaux

Itinéraire

1. Préparation des ingrédients. Préchauffez la friteuse à l'air à 360°F. Dans un bol, mélangez les fleurons de brocoli, l'ail, l'huile d'olive et le parmesan.

2. Air Frying. Placez les brocolis dans le panier de la friteuse à air en une seule couche et réglez la minuterie et la vapeur pendant 4 minutes.

Nutrition :

Calories : 130

Gras : 3

Carburants : 5Protéines

: 4

Brocoli caramélisé

Temps de préparation : 5 minutes

Temps de cuisson : 10 minutes

Des portions : 4

Ingrédients :

- 4 tasses de fleurons de brocolis
- 3 cuillères à soupe de ghee fondu ou d'huile de noix de coco aromatisée au beurre
- 1½ cuillères à café de sel fin de mer ou de sel fumé
- Mayonnaise, pour servir (facultatif ; omettre pour les produits sans oeufs)

Itinéraire

1. Préparation des ingrédients. Graisser le panier avec de l'huile d'avocat. Préchauffez la friteuse à l'air libre à 400°F. Placez les brocolis dans un grand bol. Arrosez-les de ghee, remuez-les pour les enrober et saupoudrez-les de sel.

2. Air Frying. Transférez les brocolis dans le panier de la friteuse à air et faites-les cuire pendant 8 minutes, ou jusqu'à ce qu'ils soient tendres et croustillants sur les bords.

Nutrition :

Calories : 120

Gras : 2

Carburants : 4Protéines

: 3

Choux de Bruxelles à l'huile balsamique

Temps de préparation : 5 minutes

Temps de cuisson : 15 minutes

Des portions : 4

Ingrédients :

- ¼ cuillère à café de sel
- 1 cuillère à soupe de vinaigre balsamique

- 2 tasses de choux de Bruxelles, coupées en deux
- 3 cuillères à soupe d'huile d'olive

Itinéraire :

1. Préparation des ingrédients. Préchauffez la friteuse à l'air libre pendant 5 minutes. Mélangez tous les ingrédients dans un bol jusqu'à ce que les courgettes frites soient bien enrobées.
2. Air Frying. Placer dans le panier de la friteuse à air. Fermez et faites cuire pendant 15 minutes à 350°F.

Nutrition :

Calories : 82 ;

Lipides : 6,8 g ;

Protéines : 1,5 g

Courge musquée épicée

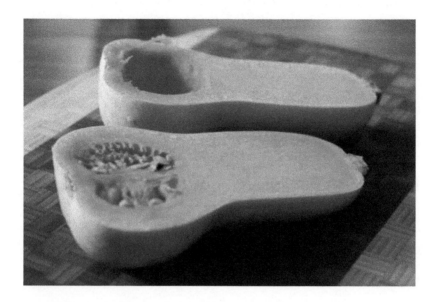

Temps de préparation : 10 minutes

Temps de cuisson : 15 minutes

Des portions : 4

Ingrédients :

- 4 tasses de courge musquée cubique de 1 pouce
- 2 cuillères à soupe d'huile végétale
- 1 à 2 cuillères à soupe de sucre brun
- 1 cuillère à café de poudre de cinq épices chinoises

Itinéraire

1. Préparation des ingrédients. Dans un bol, mélangez l'huile, le sucre, la courge et la poudre de cinq épices. Mélangez pour enrober.

2. Placez la courge dans le panier de la friteuse à air.

3. Air Frying. Réglez la friteuse à l'air à 400°F pendant 15 minutes ou jusqu'à ce qu'elle soit tendre.

Nutrition :

Calories : 160

Gras : 5

Carbones : 9Protéines

: 6

Champignons à l'ail et au thym

Temps de préparation : 5 minutes

Temps de cuisson : 10 minutes

Des portions : 4

Ingrédients :

- 3 cuillères à soupe de beurre non salé, fondu
- 1 paquet (8 onces) de champignons de Paris, tranchés
- 2 gousse d'ail, hachées
- 3 branches de thym frais
- ½ cuillère à café de sel fin de mer

Itinéraire :

1. Préparation des ingrédients. Graisser le panier avec de l'huile d'avocat. Préchauffez la friteuse à l'air libre à 400°F.
2. Placez tous les ingrédients dans un bol de taille moyenne. Utilisez une cuillère ou vos mains pour enrober les tranches de champignons.

3. Air Frying. Mettez les champignons dans le panier en une seule couche ; travaillez par lots si nécessaire. Faites cuire pendant 10 minutes, ou jusqu'à ce qu'ils soient légèrement croustillants et dorés. Garnir de brins de thym avant de servir.
4. Réchauffez dans une friteuse à air chaud à 350°F pendant 5 minutes ou jusqu'à ce qu'elle soit bien chaude.

Nutrition :

Calories 82 ;

Gras 9g ;

Protéine 1g ;

Total des glucides 1g ;

Fibre 0,2g

Chips courgettes parmesan

Temps de préparation : 10 minutes

Temps de cuisson : 10 minutes

Des portions : 10

Ingrédients :

- ½ tsp. paprika
- ½ C. fromage parmesan râpé
- ½ C. La chapelure italienne
- 1 œuf légèrement battu
- Courgettes en fines tranches

Itinéraire :

1. Préparation des ingrédients. Utilisez un couteau très tranchant ou une mandoline pour couper les courgettes aussi finement que possible. Éliminez l'humidité supplémentaire en tapotant. Battez l'œuf avec une pincée de poivre, du sel et un peu d'eau.

2. Mélangez le paprika, le fromage et la chapelure dans un bol. Trempez des tranches de courgettes dans le mélange d'œufs, puis dans le mélange de chapelure. Appuyez doucement pour les enrober.

3. Air Frying. Avec un spray de cuisson à l'huile d'olive, des tranches de courgettes enduites de brouillard. Placez-les dans votre friteuse Air en une seule couche. Régler la température à 350°F et le temps de cuisson à 8 minutes. Saupoudrez de sel et servez avec de la salsa.

Nutrition :

Calories : 130

Gras : 2

Carburants : 5Protéines

: 3

Frites Jicama

Temps de préparation : 10 minutes

Temps de cuisson : 5 minutes

Des portions : 4

Ingrédients :

- 1 c. à soupe de thym séché
- ¾ C. farine de marante
- ½ grand Jicama
- Oeufs

Itinéraire :

1. Préparation des ingrédients. Tranches de jicama en frites.
2. Battre les œufs et les verser sur les frites. Mélanger pour enrober.
3. Mélangez une pincée de sel, du thym et de la farine d'arrow-root. Mélangez le jicama enrobé d'œufs dans le mélange sec, en remuant pour bien l'enrober.
4. Air Frying. Vaporiser le panier de la friteuse à air avec de l'huile d'olive et ajouter les frites. Régler la température à 350°F et régler le temps à 5 minutes. Remuez à mi-cuisson.

Nutrition :

Calories : 211 ;

Gras : 19g ;

Carburants : 16g ;

Protéines : 9 g

Croûte de pizza au chou-fleur

Temps de préparation : 5 minutes

Temps de cuisson : 20 minutes

Des portions : 6

Ingrédients :

- 1 sachet de chou-fleur à la vapeur
- 1 gros œuf.
- ½ tasse de cheddar râpé.
- 2 cuillères à soupe de farine d'amandes blanchies et finement moulues
- 1 cuillère à café d'assaisonnement pour mélange italien

Itinéraire :

1. Cuire le chou-fleur selon l'emballage. Sortir du sac et placer dans une serviette en papier pour enlever l'excès d'eau. Placez le chou-fleur dans le grand bol de a.

2. Ajouter la farine d'amandes, le fromage, l'œuf et l'assaisonnement italien dans le bol et bien mélanger

3. Découpez le morceau de parchemin de a pour l'adapter à votre panier de friteuse à air. Pressez le chou-fleur en cercle de 6 pouces. Placez-le dans le panier de la friteuse à air. Ajustez la température à 360 degrés f et réglez la minuterie sur 11 minutes. Après 7 minutes, retournez la croûte de la pizza

4. Ajouter les garnitures préférées à la pizza. Remettre dans le panier de la friteuse à air et cuire 4 minutes supplémentaires ou jusqu'à ce que la pizza soit entièrement cuite et dorée. Servir immédiatement.

Nutrition :

Calories : 230 ;

Protéines : 14,9 g ;

Fibre : 4,7g ;

Lipides : 14,2 g ;

Carburants : 10,0g

Choux de Savoie et tomates

Temps de préparation : 5 minutes

Temps de cuisson : 20 minutes

Des portions : 4

Ingrédients :

- 2 oignons de printemps ; hachés.
- 1 chou de Savoie, râpé
- 1 c. à soupe de persil haché.
- 2 c. à soupe de sauce tomate
- Sel et poivre noir à volonté.

Itinéraire :

1. Dans la poêle a qui convient à votre friteuse, mélangez le chou et le reste des ingrédients sauf le persil, remuez, mettez la poêle dans la friteuse et faites cuire à 360°f pendant 15 minutes

2. Répartir dans les assiettes et servir avec du persil saupoudré sur le dessus.

Nutrition :

Calories : 163 ;

Gras : 4g ;

Fibre : 3g ;

Carburants : 6g ;

Protéines : 7g

Steak de chou-fleur

Temps de préparation : 5 minutes

Temps de cuisson : 10 minutes

Des portions : 4

Ingrédients :

- 1 chou-fleur de taille moyenne
- ¼ tasse de fromage bleu émietté
- ¼ tasse de sauce piquante
- ¼ tasse de vinaigrette ranch complète
- 2 c. à soupe de beurre salé, fondu.

Itinéraire :

1. Enlever les feuilles de chou-fleur. Couper la tête en tranches de ½ pouces d'épaisseur.
2. Dans le petit bol de a, mélangez la sauce piquante et le beurre. Badigeonner le chou-fleur avec le mélange.
3. Placez chaque steak de chou-fleur dans la friteuse à air, en travaillant par lots si nécessaire. Ajustez la température à 400 degrés f et réglez la minuterie sur 7 minutes

4. Une fois cuits, les bords commencent à devenir sombres et caramélisés. Pour servir, saupoudrez les steaks de fromage bleu émietté. Arroser de vinaigrette ranch.

Nutrition :

Calories : 122 ;

Protéines : 4,9 g ;

Fibre : 3,0g ;

Lipides : 8,4 g ;

Carburants : 7,7g

Tomate, avocat et haricots verts

Temps de préparation : 5 minutes

Temps de cuisson : 20 minutes

Des portions : 4

Ingrédients :

- ¼ lb. Haricots verts, parés et coupés en deux
- 1 avocat, pelé, dénoyauté et coupé en cubes
- 1 pinte de tomates cerises mélangées ; coupées en deux
- 2 cuillères à soupe d'huile d'olive

Itinéraire :

1. Dans la poêle a qui convient à votre friteuse à air, mélangez les tomates avec le reste des ingrédients, puis remuez.

2.

   ettez la poêle dans la friteuse et faites cuire à 360°f pendant 15 minutes. Transférer dans des bols et servir

Nutrition :

Calories : 151 ;

Gras : 3g ;

Fibre : 2g ;

Carburants : 4g ;

Protéines : 4g

Haricots verts à l'aneth et à l'ail

Temps de préparation : 5 minutes

Temps de cuisson : 20 minutes

Des portions : 4

Ingrédients :

- 1 lb. Haricots verts, parés

- ½ tasse de bacon, cuit et haché.

- 2 gousses d'ail hachées

- 2 c. à soupe d'aneth, haché.
- Sel et poivre noir à volonté.

Itinéraire :

1. Dans la poêle a qui convient à la friteuse à air, mélangez les haricots verts avec le reste des ingrédients, puis remuez.
2. Mettre la poêle dans la friteuse et cuire à 390°f pendant 15 minutes
3. Répartissez tout dans les assiettes et servez.

Nutrition :

Calories : 180 ;

Gras : 3g ;

Fibre : 2g ;

Carburants : 4g ;

Protéines : 6g

Piles d'aubergines

Temps de préparation : 5 minutes

Temps de cuisson : 15 minutes

Des portions : 4

Ingrédients :

- 2 grosses tomates ; coupées en tranches de ¼-inch
- ¼ tasse de basilic frais, tranché
- 4oz. Mozzarella fraîche ; coupée en ½-oz. Tranches
- 1 aubergine moyenne ; coupée en tranches de ¼-inch
- 2 cuillères à soupe d'huile d'olive

Itinéraire :

1. Dans le plat rond de cuisson de 6 pouces de diamètre de a, placez quatre tranches d'aubergine au fond. Placez une tranche de tomate de a sur chaque rondelle d'aubergine, puis de la mozzarella, puis de l'aubergine. Répétez l'opération si nécessaire.

81

2. Arroser d'huile d'olive. Couvrir le plat avec du papier d'aluminium et placer le plat dans le panier de la friteuse à air. Réglez la température à 350 degrés f et réglez la minuterie pour 12 minutes.
3. Une fois terminée, l'aubergine sera tendre. Garnir de basilic frais pour servir.

Nutrition :

Calories : 195 ;

Protéines : 8,5 g ;

Fibre : 5,2g ;

Lipides : 12,7 g ;

Carburants : 12,7g

Courge spaghetti frite à l'air

Temps de préparation : 5 minutes

Temps de cuisson : 50 minutes

Des portions : 4

Ingrédients :

- ½ grande courge spaghetti
- 2 c. à soupe de beurre salé, fondu.
- 1 c. à soupe d'huile de noix de coco
- 1 c. à soupe de persil séché.
- ½tsp. Poudre d'ail.

Itinéraire :

1. Badigeonner la coquille de la courge spaghetti avec de l'huile de coco. Placez la peau vers le bas et badigeonnez l'intérieur avec du beurre. Saupoudrer de poudre d'ail et de persil.

2. Placez la courge, côté peau vers le bas, dans le panier de la friteuse à air. Ajustez la température à 350 degrés et réglez la minuterie sur 30 minutes

3. Lorsque la minuterie retentit, retournez la courge de manière à ce que le côté peau soit vers le haut et faites cuire 15 minutes de plus ou jusqu'à ce qu'elle soit tendre à la fourchette. Servir chaud.

Nutrition :

Calories : 182 ;

Protéines : 1,9 g ;

Fibre : 3,9g ;

Lipides : 11,7g ;

Carburants : 18,2g

Salade de betteraves et de fromage bleu

Temps de préparation : 10 minutes

Temps de cuisson : 15 minutes

Des portions : 6

Ingrédients :

- 6 betteraves, pelées et coupées en quartiers
- Sel et poivre noir au goût
- ¼ tasse de fromage bleu, émietté
- 1 cuillère à soupe d'huile d'olive

Itinéraire :

1. Mettez les betteraves dans votre friteuse à air, faites-les cuire à 350 degrés F pendant 14 minutes et transférez-les dans un bol. Ajoutez le fromage bleu, le sel, le poivre et l'huile, mélangez et servez. Savourez !

Nutrition :

Calories 100,

Grosse 4,

Fibre 4,

Carburants 10,

Protéine 5

Salade de brocolis

Temps de préparation : 10 minutes

Temps de cuisson : 10 minutes

Des portions : 4

Ingrédients :

- 1 tête de brocoli, avec des fleurons séparés
- 1 c. à soupe d'huile d'arachide
- 6 gousses d'ail, hachées
- 1 c. à soupe de vinaigre de vin de riz chinois
- Sel et poivre noir à volonté

Itinéraire :

1. Dans un bol, mélangez la moitié de l'huile des brocolis avec du sel, du poivre et, en remuant, transférez dans votre friteuse à air et faites cuire à 350 degrés F pendant 8 minutes. A mi-cuisson, secouez la friteuse. Sortez les brocolis et mettez-les dans un saladier, ajoutez le reste de l'huile d'arachide, l'ail et le vinaigre de riz, mélangez bien et servez. Savourez !

Nutrition :

Calories 121,

Grosse 3,

Fibre 4,

Carburants 4,

Protéine 4

Choux de Bruxelles rôtis aux tomates

Temps de préparation : 5 minutes

Temps de cuisson : 10 minutes

Des portions : 4

Ingrédients :

- Choux de Bruxelles d'une livre, parés
- Sel et poivre noir au goût
- 6 tomates cerises, coupées en deux
- ¼ tasse d'oignons verts, hachés

- 1 cuillère à soupe d'huile d'olive

Itinéraire :

1. Salez et poivrez les choux de Bruxelles, mettez-les dans votre friteuse à air et faites-les cuire à 350 degrés pendant 10 minutes. Transférez-les dans un bol, ajoutez du sel, du poivre, des tomates cerises, des oignons verts et de l'huile d'olive, mélangez bien et servez. Savourez !

Nutrition :

Calories 121,

Grosse 4,

Fibre 4,

Carburants 11,

Protéine 4

Choux de Bruxelles au fromage

Temps de préparation : 10 minutes

Temps de cuisson : 10 minutes

Des portions : 4

Ingrédients :

- 1 livre de choux de Bruxelles, lavés
- Jus d'un citron
- Sel et poivre noir au goût
- 2 cuillères à soupe de beurre
- 3 cuillères à soupe de parmesan, râpé

Itinéraire :

1. Mettez les choux de Bruxelles dans votre friteuse à air, faites-les cuire à 350 degrés F pendant 8 minutes et transférez-les dans un bol. Réchauffez une poêle à feu modéré avec le beurre, puis ajoutez le jus de citron, le sel et le poivre, fouettez bien et ajoutez aux choux de Bruxelles. Ajoutez le parmesan, remuez jusqu'à ce que le parmesan fonde et servez. Dégustez !

Nutrition :

Calories 152,

Grosse 6,

Fibre 6,

Carburants 8,

Protéine 12

Plat de carottes miniatures sucrées

Temps de préparation : 10 minutes

Temps de cuisson : 10 minutes

Des portions : 4

Ingrédients :

- 2 tasses de carottes miniatures
- Une pincée de sel et de poivre noir
- 1 cuillère à soupe de sucre brun
- ½ cuillère à soupe de beurre fondu

Itinéraire :

1. Dans un plat adapté à votre friteuse, mélangez les carottes miniatures avec du beurre, du sel, du poivre et du sucre, remuez, introduisez-les dans votre friteuse et faites-les cuire à 350 degrés pendant 10 minutes. Répartissez dans les assiettes et servez. Profitez-en !

Nutrition :

Calories 100,

Gras 2,

Fibre 3,

Carburants 7,

Protéine 4

Poireaux assaisonnés

Temps de préparation : 10 minutes

Temps de cuisson : 10 minutes

Des portions : 4

Ingrédients :

- 4 manches, lavées, coupées en deux
- Sel et poivre noir à volonté
- 1 c. à soupe de beurre fondu
- 1 c. à soupe de jus de citron

Itinéraire :

1. Frottez les poireaux avec du beurre fondu, salez et poivrez, mettez-les dans votre friteuse à air et faites-les cuire à 350 degrés pendant 7 minutes. Disposer sur un plateau, arroser de jus de citron et servir. Dégustez !

Nutrition :

Calories 100,

Grosse 4,

Fibre 2,

Carburants 6,

Protéine 2

Pommes de terre croustillantes et persil

Temps de préparation : 10 minutes

Temps de cuisson : 10 minutes

Des portions : 4

Ingrédients :

- 1 livre de pommes de terre dorées, coupées en quartiers
- Sel et poivre noir au goût
- 2 cuillères à soupe d'olives
- Jus de citron de ½
- ¼ tasse de feuilles de persil, hachées

Itinéraire :

1. Frottez les pommes de terre avec du sel, du poivre, du jus de citron et de l'huile d'olive, mettez-les dans votre friteuse à air et faites-les cuire à 350 degrés F pendant 10 minutes. Répartissez-les dans les assiettes, saupoudrez de persil et servez. Savourez !

Nutrition :

Calories 152,

Grosse 3,

Fibre 7,

Carburants 17,

Protéine 4

Tomates à l'ail

Temps de préparation : 10 minutes

Temps de cuisson : 15 minutes

Des portions : 4

Ingrédients :

- 4clous de girofle à l'ail, écrasés
- 1 livre de tomates cerises mélangées
- Sources de thym, hachées
- Sel et poivre noir au goût
- ¼ tasse d'huile d'olive

Itinéraire :

1. Dans un bol, mélangez les tomates avec le sel,
   le poivre noir, l'ail, l'huile d'olive et le thym,
   remuez pour enrober, introduisez dans votre
   friteuse à air et faites cuire à 360 degrés F
   pendant 15 minutes. Répartissez le mélange de
   tomates dans des assiettes et servez. Savourez
   !

Nutrition :

Calories 100,

Gras 0,

Fibre 1,

Carburants 1,

Protéine 6

Des haricots verts et des pommes de terre faciles

Temps de préparation : 10 minutes

Temps de cuisson : 15 minutes

Des portions : 5

Ingrédients :

- Haricots verts de 2 livres
- 6 pommes de terre nouvelles, coupées en deux
- Sel et poivre noir au goût
- Un filet d'huile d'olive
- 6 tranches de bacon, cuites et hachées

Itinéraire :

1. Dans un bol, mélangez les haricots verts avec les pommes de terre, le sel, le poivre et l'huile, remuez, transférez dans votre friteuse à air et faites cuire à 390 degrés F pendant 15 minutes. Répartissez dans les assiettes et servez avec du bacon saupoudré sur le dessus. Savourez !

Nutrition :

Calories 374,

Fat 15,

Fibre 12,

Carburants 28,

Protéine 12

Haricots verts et tomates

Temps de préparation : 10 minutes

Temps de cuisson : 15 minutes

Des portions : 4

Ingrédients :

- 1 pinte de tomates cerises
- 1 livre de haricots verts
- 2 cuillères à soupe d'huile d'olive
- Sel et poivre noir au goût

Itinéraire :

1. Dans un bol, mélangez les tomates cerises avec les haricots verts, l'huile d'olive, le sel et le poivre, remuez, transférez dans votre friteuse à air et faites cuire à 400 degrés F pendant 15 minutes. Répartissez dans les assiettes et servez aussitôt. Savourez !

Nutrition :

Calories 162,

Grosse 6,

Fibre 5,

Carburants 8,

Protéine 9

Asperges aromatisées

Temps de préparation : 5 minutes

Temps de cuisson : 30 minutes

Portions : 2

Ingrédients :

- Levure nutritionnelle
- Spray anti-adhérent à l'huile d'olive
- Une botte d'asperges

Itinéraire :

1. Lavez les asperges, puis coupez les extrémités touffues et boisées.

2. Arrosez les asperges d'un spray d'huile d'olive et saupoudrez-les de levure. Dans votre friteuse à air, déposez les asperges en une seule couche. Faites cuire 8 minutes à 360 degrés.

Nutrition :

Calories : 17 Cal

Lipides : 4 g

Carburants : 32 g

Protéines : 24 g

Frites d'avocat

Temps de préparation : 5 minutes

Temps de cuisson : 5 minutes

Des portions : 6

Ingrédients :

- 1 avocat
- ½ c. à thé de sel
- ½ C. panko breadcrumbs
- Liquide de haricot (aquafaba) provenant d'une boîte de 15 onces de haricots blancs ou garbanzo

Itinéraire :

1. Peler, dénoyauter et couper l'avocat en tranches. Mélangez le sel et la chapelure dans un bol. Placez l'aquafaba dans un autre bol. Draguer les tranches d'avocat d'abord dans l'aquafaba, puis dans le panko, en veillant à obtenir un enrobage uniforme. Placez les tranches d'avocat enrobées en une seule couche dans la friteuse à air. Faites cuire 5 minutes à 390 degrés, en secouant 5 minutes. Servez avec votre sauce keto préférée !

Nutrition :

Calories : 102

Lipides : 22g

Protéines : 9g

Sucre : 1g

Petits pots de courge spaghetti

Temps de préparation : 5 minutes

Temps de cuisson : 15 minutes

Des portions : 10

Ingrédients :

- ¼ c. à thé de poivre

- ½ c. à thé de sel

- 1 oignon vert finement tranché

- 1 courge spaghetti

Itinéraire :

1. Lavez et coupez la courge dans le sens de la longueur. Grattez les graines. À l'aide d'une fourchette, retirez la chair des spaghettis par brins et jetez les peaux. Dans une serviette propre, ajoutez la courge et essorez la plus grande quantité possible d'humidité. Placez-les dans un bol et, à l'aide d'un couteau, coupez la viande plusieurs fois pour la rendre plus petite. Ajoutez du poivre, du sel et des oignons verts à la courge et mélangez bien. Créez des formes de "tot" avec vos mains et placez-les dans une friteuse à air. Vaporisez d'huile d'olive. Faites cuire 15 minutes à 350 degrés jusqu'à ce que la viande soit dorée et croustillante !

Nutrition :

Calories : 231

Lipides : 18g

Protéines : 5g

Sucre : 0g

Frites à la courge musquée à la cannelle

Temps de préparation : 10 minutes

Temps de cuisson : 10 minutes

Portions : 2

Ingrédients :

- 1 pincée de sel
- 1 cuillère à soupe de sucre en poudre non traité
- 2tsp. cannelle
- 1 c. à soupe d'huile de coco

- 10 onces de frites de courge musquée pré-coupées

Itinéraire :

1. Dans un sac en plastique, versez tous les ingrédients. Enrober les frites avec les autres composants jusqu'à ce qu'elles soient enrobées et que le sucre soit dissous. Étendre les frites enrobées en une seule couche dans la friteuse à air. Faites cuire 10 minutes à 390 degrés jusqu'à ce que les frites soient croustillantes.

Nutrition :

Calories : 175

Lipides : 8g

Protéines : 1g

Sucre : 5g

Poivrons au citron

Temps de préparation : 20 minutes

Temps de cuisson : 15 minutes

Des portions : 4

Ingrédients :

- 1 ½ lb. Poivrons mélangés ; coupés en deux et épépinés
- 2 c. à soupe de jus de citron
- 2 cuillères à soupe de vinaigre balsamique
- 2 c. à s. de zeste de citron, râpé
- Une poignée de persil ; haché.

Itinéraire :

1. Mettez les poivrons dans le panier de votre friteuse à air et faites-les cuire à 350°f pendant 15 minutes. Pelez les poivrons, mélangez-les avec le reste des ingrédients, remuez et servez

Nutrition :

Calories : 151 ;

Gras : 2g ;

Fibre : 3g ;

Carburants : 5g ;

Protéines : 5g

Plan de repas de 30 jours

Journée	Petit déjeuner	Déjeuner/dîner	Dessert
1	Poêle à crevettes	Rouleaux aux épinards	Gâteau à la crêpe Matcha
2	Yogourt à la noix de coco avec des graines de chia	Les pliages de fromage de chèvre	Mini-tartes au potiron et aux épices
3	Le pudding de Chia	Tarte aux crêpes	Barres aux noix
4	Bombes à graisse d'œuf	Soupe à la noix de coco	Gâteau de livre
5	Les "Grits" du matin	Tacos de poisson	Recette de tortillas à la cannelle
6	Oeufs écossais	Salade Cobb	Yogourt granola aux baies
7	Sandwich au	Soupe au	Sorbet aux

	bacon	fromage	baies
8	Noatmeal	Tartare de thon	Smoothie à la noix de coco et aux baies de coco
9	Petit-déjeuner au four avec de la viande	Chaudrée de palourdes	Smoothie à la banane et au lait de coco
10	Petit déjeuner Bagel	Salade asiatique de bœuf	Smoothie mangue-ananas
11	Hachis d'oeufs et de légumes	Keto Carbonara	Smoothie vert framboise
12	Poêle à cowboy	Soupe de chou-fleur aux graines	Smoothie aux baies chargées
13	Feta Quiche	Asperges enrobées de prosciutto	Smoothie à la papaye et à la banane et au chou frisé
14	Crêpes au bacon	Poivrons farcis	Smoothie à l'orange verte

15	Gaufres	Aubergines farcies au fromage de chèvre	Smoothie aux doubles baies
16	Chocolate Shake	Curry de Korma	Barres protéinées énergisantes
17	Oeufs en chapeau champignon Portobello	Bars à courgettes	Brownies sucrés et salés
18	Bombes à graisse Matcha	Soupe aux champignons	Keto Macho Nachos
19	Keto Smoothie Bowl	Champignons portobello farcis	Gelato au beurre de cacahuète et à la banane avec de la menthe
20	Omelette au saumon	Salade de laitue	Cannelle, pêches et yaourt
21	Hash Brown	Soupe à l'oignon	Popsicles au miel et à la menthe

22	La casserole de Black's Bangin	Salade d'asperges	Smoothie à l'orange et aux pêches
23	Coupes de bacon	Taboulé au chou-fleur	Smoothie à la noix de coco et aux pommes épicées
24	Oeufs aux épinards et fromage	Bœuf Salpicao	Smoothie sucré et salé
25	Remballages de tacos	Artichaut farci	Smoothie au gingembre et aux baies
26	Café Donuts	Rouleaux aux épinards	Smoothie végétarien
27	Omelette aux oeufs	Les pliages de fromage de chèvre	Smoothie au chocolat et aux noix
28	Ranch Risotto	Tarte aux crêpes	Smoothie Coco Fraise
29	Oeufs écossais	Soupe à la noix de coco	Smoothie aux oeufs et aux épinards
30	Oeufs frits	Tacos de poisson	Dessert crémeux

			Smoothie

Conclusion

Merci d'être arrivé à la fin de ce livre. Une friteuse à air est un ajout relativement récent à la cuisine, et il est facile de voir pourquoi les gens sont enthousiastes à l'idée de l'utiliser. Avec une friteuse, vous pouvez faire des frites croustillantes, des ailes de poulet, des poitrines de poulet et des steaks en quelques minutes. Il existe de nombreux aliments délicieux que vous pouvez préparer sans ajouter d'huile ou de graisse à votre repas. Là encore, veillez à lire les instructions de votre friteuse et à suivre les règles d'utilisation et d'entretien. Une fois que votre friteuse est en bon état de marche, vous pouvez vraiment faire preuve de créativité et commencer à expérimenter votre façon de préparer des aliments sains et savoureux.

C'est tout ! Merci !

Lightning Source UK Ltd.
Milton Keynes UK
UKHW020806150221
378799UK00001B/19